# "Dominando el Marketing del Futuro: Estrategias Efectivas para Crecer en la Era Digital"

# Contenido

Introduccion:
**El Marketing en la Era Digital**..................................................................2
- 1.1. El Panorama del Marketing Digital

- 1.2. La Importancia de Adaptarse a las Nuevas Tendencias

- 1.3. Introducción a las Principales Tendencias Emergentes

- 1.4. Reflexión Personal

**Definición de Objetivos yEstrategias a Futuro**..............................................................13
- 2.1. Establecimiento de Objetivos SMART

- 2.2. Estrategias a Largo Plazo en un Entorno Cambiante

- 2.3. Análisis de Tendencias Emergentes y Su Impacto

- 2.4. Desarrollo de un Plan Estratégico a Cinco Años

## Estrategias de Marketing Digital Avanzadas..................................................................33

- 3.1. SEO Avanzado y Optimización para Voz
- 3.2. Marketing en Redes Sociales Emergentes
- 3.3. Publicidad Programática y Análisis de Datos

## Creación de Contenidos para el Futuro..................................................................44

- 4.1. Contenido Interactivo y Experiencial
- 4.2. Uso de IA y Automatización en la Creación de Contenido

## Estrategias de Marketing de Influencers y Colaboraciones..................................................................49

- 5.1. Identificación de Influencers Adecuados
- 5.1. Identificación de Influencers Adecuados

## Analítica y Medición de Resultados enlaEraDigital..................................................................54

- 6.1. Herramientas de Analítica Avanzada
- 6.2. KPIs Importantes para el Marketing Digital

**Preparación para el Futuro: Tendencias Emergentes**................................................................60
- 7.1. Inteligencia Artificial y Automatización
- 7.2. Realidad Aumentada y Virtual

**Casos de Estudio y Ejemplos Prácticos**.....................................................................65
- 8.1. Análisis de Casos de Éxito en Marketing Digital
- 8.2. Errores Comunes y Cómo Evitarlos

**Conclusiones y Próximos Pasos**..............................................................................70
- 9.1. Resumen de Estrategias Clave
- 9.2. Desarrollo de un Plan de Acción Personalizado

**Conclusión: Tu Camino hacia el Éxito en el Marketing Digital**..................................................................75

# 1. Introducción: El Marketing en la Era Digital

## 1.1. El Panorama del Marketing Digital

En la última década, el **marketing digital** ha evolucionado de ser una opción para las empresas a convertirse en una necesidad crítica para el éxito comercial. La transformación digital ha cambiado la forma en que las marcas interactúan con sus audiencias y ha abierto nuevas oportunidades para conectar con los consumidores de maneras innovadoras y personalizadas.

# ¿Qué ha impulsado esta evolución?

- **Avances Tecnológicos:** La proliferación de dispositivos móviles, el acceso a Internet de alta velocidad y el auge de las redes sociales han redefinido el paisaje del marketing. Estos avances han permitido a las marcas llegar a sus audiencias de manera más directa y efectiva.

- **Cambio en el Comportamiento del Consumidor:** Los consumidores de hoy están más informados, son más exigentes y buscan experiencias personalizadas. La forma en que buscan, evalúan y toman decisiones de compra ha cambiado, y las empresas deben adaptarse a estas nuevas expectativas.

- **Auge de Nuevas Plataformas y Herramientas:** Las plataformas digitales, desde redes sociales emergentes hasta herramientas de análisis de datos avanzadas, ofrecen nuevas maneras de interactuar con los consumidores y medir el impacto de las campañas.

## 1.2. La Importancia de Adaptarse a las Nuevas Tendencias

En un entorno digital en constante cambio, mantenerse actualizado con las últimas tendencias y tecnologías es crucial para no quedar atrás. Las empresas que adoptan las nuevas tendencias tienen la oportunidad de:

- **Captar la Atención del Consumidor:** Con la saturación de contenido en línea, destacar requiere más que solo buenos productos. La implementación de estrategias innovadoras es esencial para captar y mantener la atención de los consumidores.

- **Optimizar el Rendimiento:** Las nuevas tecnologías permiten una segmentación más precisa y una personalización más efectiva. Esto no solo mejora la experiencia del consumidor, sino que también optimiza el retorno de la inversión **(ROI)** de las campañas de marketing.

- **Prevenir la obsolescencia:** Las empresas que ignoran las tendencias emergentes corren el riesgo de quedarse atrás. Adoptar un enfoque proactivo hacia la innovación asegura que la empresa permanezca relevante y competitiva.

# 1.3. Introducción a las Principales Tendencias Emergentes

Para estar preparado para el futuro del marketing, es esencial conocer y comprender las tendencias emergentes que están moldeando la industria. Algunas de las más destacadas incluyen:

- **Inteligencia Artificial (IA):** La **IA** está revolucionando la forma en que se analizan los datos, se automatizan las tareas y se personalizan las interacciones con los clientes. Desde **chatbots** hasta recomendaciones personalizadas, la **IA** está transformando la experiencia del usuario.

- Marketing en ***Realidad Aumentada (RA)*** y ***Realidad Virtual (RV)***: La **RA** y la **RV** están creando nuevas formas de interactuar con los productos y servicios, ofreciendo experiencias inmersivas que pueden aumentar el compromiso y las conversiones.

- **Privacidad de Datos y Regulaciones:** Con el aumento de la conciencia sobre la privacidad de los datos, las regulaciones están cambiando. Adaptarse a las nuevas normativas es vital para construir confianza con los consumidores y evitar sanciones.

- **Contenido Interactivo y Experiencial:** El contenido que permite la **interacción** y la **participación** activa del usuario está ganando popularidad. Las *encuestas*, los *concursos* y las *experiencias personalizadas* son formas efectivas de aumentar el compromiso.

## 1.4. Reflexión Personal

Antes de sumergirnos en las estrategias y tácticas avanzadas, es importante reflexionar sobre cómo estas tendencias y cambios han impactado tu negocio o proyecto.

## Ejercicio:

1. **Reflexiona sobre el impacto:** ¿Cómo ha cambiado el marketing digital en tu negocio en los últimos años? ¿Qué tendencias crees que tendrán el mayor impacto en el futuro cercano?

2. **Evaluación de Estrategias Actuales:** ¿Qué estrategias de marketing estás utilizando actualmente? ¿Están alineadas con las tendencias emergentes?

3. **Preparación para el Futuro:** Identifica al menos una tendencia emergente que consideres relevante para tu negocio y planifica cómo puedes integrar en tu estrategia de marketing.

# 2. Definición de Objetivos y Estrategias a Futuro

## 2.1. Establecimiento de Objetivos SMART

Definir objetivos claros y medibles es fundamental para el éxito en cualquier estrategia de marketing. Los objetivos **SMART** ofrecen un marco efectivo para asegurarte de que tus metas sean alcanzables y relevantes.

**SMART** es un acrónimo que significa:

- **S** (Específicos): Los objetivos deben ser claros y detallados. Pregúntate: ¿Qué quiero lograr? ¿Quién está involucrado? ¿Dónde se llevará a cabo? ¿Cuándo quiero lograrlo?

- **M** (Medibles): Debes poder medir el progreso y el éxito. Establece indicadores clave de rendimiento (KPIs) para saber si estás en el camino correcto.

- **A** (Alcanzables): Los objetivos deben ser realistas y alcanzables. Considera tus recursos, capacidades y limitaciones al fijar tus metas.

- **R** (Relevantes): Asegúrate de que los objetivos estén alineados con tus metas generales de negocio y sean relevantes para tu audiencia y mercado.

- **T** (Temporales): Establece un plazo claro para alcanzar tus objetivos. Tener una fecha límite ayuda a mantener el enfoque y la urgencia.

# Ejemplo de Objetivo *SMART:*

- Objetivo: Aumentar el **tráfico** web en un **30%** en los próximos seis meses mediante la implementación de una estrategia de **SEO** avanzada.

## 2.2. Estrategias a Largo Plazo en un Entorno Cambiante

Para prosperar en el **marketing digital**, es crucial desarrollar estrategias que no solo respondan a las necesidades actuales, sino que también estén preparadas para adaptarse a futuros cambios y tendencias.

# 1. Análisis de Tendencias Emergentes:

- **Monitoreo de la Industria:** Mantente actualizado con las últimas tendencias y tecnologías emergentes. Utiliza herramientas como Google Trends, informes de la industria y estudios de mercado.

- **Anticipación de Cambios:** Evalúa cómo las tendencias actuales podrían evolucionar y cómo podrían impactar a tu negocio.

## 2. Desarrollo de Estrategias Flexibles:

- **Adaptación Rápida:** Diseña estrategias que sean lo suficientemente flexibles como para adaptarse a cambios inesperados en el mercado.

- **Innovación Continua:** Fomenta una cultura de innovación dentro de tu equipo para estar siempre un paso adelante.

## 3. Implementación de Tecnología Avanzada:

- **Automatización:** Utiliza herramientas de automatización para optimizar procesos y aumentar la eficiencia.

- **Análisis de Datos:** Implementa herramientas de análisis avanzado para obtener información valiosa sobre el comportamiento del consumidor y el rendimiento de las campañas.

# Ejercicio:

- **Desarrolla un Mapa de Tendencias:** Crea un mapa que identifique las tendencias emergentes en tu industria y cómo podrían afectar tu negocio en los próximos cinco años.

- **Crea un Plan de Adaptación:** Elabora un plan para adaptar tu estrategia de marketing a los cambios tecnológicos y de mercado que anticipas.

## 2.3. Análisis de Tendencias Emergentes y Su Impacto

Conocer las tendencias emergentes es crucial para desarrollar estrategias a largo plazo que te mantengan competitivo.

# 1. Inteligencia Artificial y Automatización:

- **Impacto en el Marketing:** La *IA* está transformando la forma en que analizamos datos y automatizamos tareas, mejorando la personalización y la eficiencia.

- **Estrategia:** Implementa chatbots y herramientas de análisis predictivo para optimizar la interacción con los clientes.

## 2. Realidad Aumentada y Virtual:

- **Impacto en el Marketing:** Estas tecnologías ofrecen experiencias inmersivas que pueden aumentar el compromiso del cliente.

- **Estrategia:** Explora la creación de experiencias de prueba virtual o aplicaciones de RA para mejorar la experiencia del usuario.

# 3. Privacidad de Datos y Regulaciones:

- **Impacto en el Marketing:** Las regulaciones más estrictas sobre la privacidad de los datos requieren un enfoque más transparente y seguro.

- **Estrategia:** Adopta prácticas de manejo de datos que cumplan con las regulaciones y construyan confianza con tus clientes.

# Ejercicio:

- **Análisis de Impacto:** Elige una tendencia emergente y evalúa cómo podría impactar tu estrategia de marketing. Desarrolla una propuesta para integrar esta tendencia en tu plan de acción.

- **Estudio de Caso:** Investiga cómo otras empresas han adoptado tendencias emergentes y qué lecciones puedes aplicar a tu propio negocio.

## 2.4. Desarrollo de un Plan Estratégico a Cinco Años

Un plan estratégico a largo plazo te proporciona una hoja de ruta para alcanzar tus objetivos y adaptarte a los cambios en el entorno digital.

## 1. Establecimiento de Metas a Largo Plazo:

- Define metas que aborden tanto el crecimiento a largo plazo como la adaptación a las nuevas tendencias.

## 2. Identificación de Recursos y Capacidades:

- Evalúa los recursos necesarios para implementar tus estrategias y asegúrate de contar con el equipo adecuado.

## 3. Plan de Acción:

- Desarrolla un plan detallado que incluya las tácticas, recursos y plazos necesarios para alcanzar tus objetivos a largo plazo.

# Ejercicio:

- **Desarrollo del Plan:** Crea un plan estratégico a cinco años que incluya metas específicas, estrategias para alcanzarlas y un cronograma de implementación.

- **Revisión y Ajustes:** Establece un proceso para revisar y ajustar tu plan de acuerdo con los cambios en el mercado y los resultados obtenidos.

# 3. Estrategias de Marketing Digital Avanzadas

## 3.1. SEO Avanzado y Optimización para Voz

El **SEO** *(Search Engine Optimization)* es esencial para mejorar la visibilidad en los motores de búsqueda. La optimización avanzada y para la búsqueda por voz son claves para mantenerse relevante.

- **SEO Avanzado:**

- **Técnicas de SEO On-Page:** Optimización de contenido, uso de palabras clave de cola larga y mejoras en la estructura del sitio.

- **SEO Off-Page:** Estrategias de construcción de enlaces de alta calidad y marketing de contenido.

**SEO Técnico:** Mejoras en la velocidad del sitio, estructura de URL y adaptabilidad móvil.

- **Optimización para Voz:**

- **Contenido Conversacional:** Crear contenido que responda a preguntas comunes y use un lenguaje natural.

- **Datos Estructurados:** Implementar datos estructurados para ayudar a los motores de búsqueda a entender el contexto del contenido.

# Ejercicio:

- **Auditoría SEO:** Realiza una auditoría de **SEO** de tu sitio web e identifica áreas de mejora.

- **Optimización para Voz:** Crea una lista de preguntas frecuentes relacionadas con tu negocio y optimiza el contenido para responderlas de manera conversacional.

## 3.2. Marketing en Redes Sociales Emergentes

Las redes sociales emergentes ofrecen nuevas oportunidades para conectar con audiencias y aumentar la visibilidad de tu marca.

- **Plataformas Emergentes:** Explora plataformas como **TikTok**, **Clubhouse**, y nuevas redes que están ganando popularidad.

- **Estrategias Específicas:** Desarrolla estrategias adaptadas a cada plataforma, considerando su formato y audiencia única.

# Ejercicio:

- **Investigación de Plataformas:** Identifica una red social emergente relevante para tu negocio y planifica una estrategia de contenido específica.

- **Campaña de Prueba:** Ejecuta una campaña piloto en la plataforma seleccionada y mide los resultados.

Digidelight.pro

## 3.3. Publicidad Programática y Análisis de Datos

La **publicidad programática** y el **análisis** de datos permiten una segmentación precisa y una optimización efectiva de las campañas publicitarias.

# Publicidad Programática:

- **Segmentación Avanzada:** Utiliza datos para dirigir anuncios a audiencias específicas basadas en comportamiento y demografía.

- **Automatización:** Implementa plataformas de publicidad programática para optimizar la compra de medios.

# Análisis de Datos:

- **Herramientas de Análisis:** Usa herramientas como **Google Analytics** y plataformas de *BI* para obtener información sobre el rendimiento de las campañas.

- **KPIs Importantes:** Monitorea indicadores clave como el **CTR (Click-Through Rate)**, la conversión y el ROI.

# Ejercicio:

- **Configuración de Publicidad Programática:** Configura una campaña de publicidad programática y ajusta la segmentación basada en los datos disponibles.

- **Análisis de Resultados:** Analiza los datos de rendimiento de la campaña y ajusta las estrategias en función de los resultados.

# 4. Creación de Contenidos para el Futuro

## 4.1. Contenido Interactivo y Experiencial

El contenido interactivo y experiencial puede aumentar significativamente el compromiso y la retención de la audiencia.

- **Tipos de Contenido Interactivo:** Encuestas, cuestionarios, calculadoras y experiencias inmersivas.

- **Experiencias Personalizadas:** Utiliza datos para ofrecer contenido adaptado a las preferencias y comportamientos de los usuarios.

# Ejercicio:

- **Desarrollo de Contenido Interactivo:** Crea una pieza de contenido interactivo como una encuesta o un cuestionario.

- **Implementación y Evaluación:** Pública el contenido y evalúa su impacto en la interacción y el compromiso del usuario.

## 4.2. Uso de IA y Automatización en la Creación de Contenido

La **inteligencia artificial** y la **automatización** pueden mejorar la eficiencia y la relevancia del contenido.

- **Generación de Contenido Automatizado:** Utiliza herramientas de **IA** para generar contenido basado en datos y tendencias.

- **Personalización del Contenido:** Implementa soluciones automatizadas para personalizar el contenido según el perfil del usuario.

# Ejercicio:

- **Implementación de Herramientas de IA:** Prueba una herramienta de **IA** para la creación o personalización de contenido.

- **Evaluación de Eficiencia:** Mide la efectividad de la automatización en términos de calidad y relevancia del contenido.

# 5. Estrategias de Marketing de Influencers y Colaboraciones

## 5.1. Identificación de Influencers Adecuados

Colaborar con **influencers** puede amplificar tu mensaje y aumentar el alcance de tu marca. La clave es seleccionar a los **influencers** adecuados.

- **Criterios de Selección:** Relevancia para tu industria, alcance y engagement de la audiencia.

- **Herramientas de Búsqueda:** Usa plataformas especializadas para encontrar y evaluar influencers.

# Ejercicio:

- **Búsqueda de Influencers:** Identifica y evalúa al menos tres influencers que se alineen con los valores de tu marca.

- **Propuesta de Colaboración:** Diseña una propuesta de colaboración para cada influencer seleccionado.

Digidelight.pro

## 5.1. Identificación de Influencers Adecuados

Una colaboración efectiva requiere una planificación cuidadosa y una comunicación clara.

- **Negociación y Contratos:** Define claramente los términos de la colaboración y establece expectativas mutuas.

- **Campañas de Influencers**: Planifica y ejecuta campañas que aprovechen la influencia del colaborador para lograr tus objetivos.

# Ejercicio:

- **Planificación de Campaña:** Desarrolla una campaña de marketing con influencers que incluya objetivos, mensajes y métricas de éxito.

- **Ejecución y Monitoreo:** Implementa la campaña y monitorea el impacto en tiempo real.

# 6. Analítica y Medición de Resultados en la Era Digital

## 6.1. Herramientas de Analítica Avanzada

El análisis de datos es crucial para medir el éxito y optimizar las estrategias de marketing.

- **Herramientas y Plataformas:** Utiliza herramientas como **Google Analytics**, **SEMrush** y plataformas de **BI** para análisis profundo.

- **Configuración de KPIs:** Define y monitorea **KPIs** específicos que reflejen tus objetivos de marketing.

# Ejercicio:

- Configuración de Herramientas: Configura herramientas de analítica para rastrear el rendimiento de tus campañas.

- Análisis de Datos: Revisa y analiza los datos para identificar patrones y oportunidades de mejora.

## 6.2. KPIs Importantes para el Marketing Digital

Monitorear los **KPIs** adecuados te ayuda a evaluar el rendimiento y ajustar las estrategias en consecuencia.

- **KPIs Clave: CTR (Click-Through Rate)**, tasa de conversión, coste por adquisición **(CPA)** y **ROI** (Return on Investment).

- **Optimización Basada en Datos:** Ajusta tus estrategias en función de los datos obtenidos y las tendencias observadas.

# Ejercicio:

- **Revisión de KPIs:** Analiza los **KPIs** de tus campañas actuales y evalúa su desempeño.

- **Ajustes de Estrategia:** Basado en los resultados, realiza ajustes a tus estrategias de marketing para mejorar el rendimiento.

# 7. Preparación para el Futuro: Tendencias Emergentes

## 7.1. Inteligencia Artificial y Automatización

La **IA** y la **automatización** están cambiando la forma en que las empresas operan y se relacionan con los clientes.

- **Aplicaciones de IA: Chatbots**, análisis predictivo y personalización automatizada.

- **Beneficios de la automatización:** Mejora la eficiencia operativa y la experiencia del cliente.

# Ejercicio:

- **Exploración de IA:** Investiga cómo la **IA** puede mejorar tu estrategia de marketing.

- **Implementación:** Desarrolla un plan para integrar soluciones de **IA** en tus operaciones de marketing.

## 7.2. Realidad Aumentada y Virtual

La **RA** y la **RV** ofrecen experiencias inmersivas que pueden transformar el marketing y el compromiso del cliente.

- **Aplicaciones en Marketing:** Experiencias de producto virtuales, simulaciones de prueba y eventos en realidad aumentada.

- **Desarrollo de Contenidos:** Crea contenido que aproveche estas tecnologías para mejorar la interacción del usuario.

# Ejercicio:

- **Planificación de Experiencias:** Diseña una experiencia de **RA** o **RV** para tu audiencia.

- **Prueba y Evaluación:** Implementa la experiencia y evalúa su impacto en el compromiso y la conversión.

# 8. Casos de Estudio y Ejemplos Prácticos

# 8.1. Análisis de Casos de Éxito en Marketing Digital

Estudiar casos de éxito puede proporcionar valiosas lecciones sobre la implementación efectiva de estrategias.

- **Casos Relevantes:** Examina campañas exitosas de empresas líderes en marketing digital.

- **Lecciones Aprendidas:** Identifica estrategias y tácticas que puedes aplicar a tu propio negocio.

# Ejercicio:

- **Investigación de Casos:** Selecciona y estudia al menos dos casos de éxito en marketing digital.

- **Aplicación de Estrategias:** Desarrolla un plan para aplicar las lecciones aprendidas a tu propia estrategia.

## 8.2. Errores Comunes y Cómo Evitarlos

Conocer los errores comunes en marketing digital te ayuda a evitarlos y a mejorar tus campañas.

- **Errores Frecuentes:** Falta de alineación con los objetivos, no aprovechar las oportunidades de personalización y subestimación de la importancia de los datos.

- **Estrategias Correctivas:** Desarrolla prácticas para evitar estos errores y mejorar continuamente tus estrategias.

# Ejercicio:

- **Revisión de Errores:** Analiza errores comunes en tus campañas y elabora un plan para evitarlos en el futuro.

- **Mejora Continua:** Establece un proceso para revisar y ajustar tus estrategias regularmente.

# 9. Conclusiones y Próximos Pasos

## 9.1. Resumen de Estrategias Clave

Recapitula las estrategias y tácticas más importantes discutidas en el libro.

- **Estrategias Efectivas:** SEO avanzado, marketing en redes sociales emergentes, contenido interactivo y colaboraciones con influencers.

- **Tendencias Futuras: IA**, **RA** y **RV**, y la importancia de adaptarse a cambios en el mercado.

# Ejercicio:

- **Lista de Estrategias:** Crea una lista de las estrategias clave y cómo planeas implementarlas.

- **Plan de Acción:** Desarrolla un plan de acción para aplicar lo aprendido y alcanzar tus objetivos de marketing.

## 9.2. Desarrollo de un Plan de Acción Personalizado

Un plan de acción personalizado te ayudará a aplicar las estrategias discutidas y a alcanzar tus objetivos de marketing.

- **Definición de Prioridades:** Establece prioridades para la implementación de estrategias.

- **Asignación de Recursos:** Determina los recursos necesarios y asigna responsabilidades.

# Ejercicio:

- **Planificación:** Crea un plan de acción detallado que incluya pasos específicos, recursos y plazos.

- **Monitoreo y Ajustes:** Establece un sistema para monitorear el progreso y realizar ajustes según sea necesario.

# Conclusión: Tu Camino hacia el Éxito en el Marketing Digital

**¡Felicitaciones** por llegar al final de **"Dominando el Marketing del Futuro: Estrategias Efectivas para Crecer en la Era Digital"!** Has dado un paso importante al equiparte con las herramientas y estrategias necesarias para destacar en el competitivo mundo del **marketing digital.**

A lo largo de este libro, hemos explorado técnicas avanzadas, desde la optimización **SEO** y el marketing en **redes sociales** emergentes hasta el uso de **inteligencia artificial** y las últimas tendencias en realidad aumentada. Has aprendido cómo definir objetivos claros, implementar estrategias flexibles y medir el éxito de manera efectiva.

Ahora es el momento de poner todo este conocimiento en práctica y comenzar a aplicar estas estrategias para alcanzar tus metas de marketing.

Recuerda que el **marketing digital** es un campo en constante evolución. Mantente actualizado con las últimas tendencias, sigue experimentando y ajustando tus estrategias, y no temas innovar. Cada paso que tomes hacia la mejora continua te acercará más al éxito.

## ¡Tu Próximo Paso!

Para llevar tus esfuerzos de **marketing digital** al siguiente nivel, te invito a explorar más recursos y herramientas que pueden ayudarte a implementar las estrategias discutidas en este libro. Haz clic en el enlace a continuación para acceder a recursos adicionales, herramientas recomendadas y más contenido exclusivo que te permitirá profundizar en cada aspecto del marketing digital y maximizar tus resultados.

Digidelight.pro

## ¡No esperes más!

Da el siguiente paso hacia el dominio del ***marketing digital*** y transforma tu enfoque con las estrategias que has aprendido. Haz clic aquí para comenzar tu viaje hacia el éxito.

[Enlace a Recursos y Herramientas]
Tu éxito en el marketing digital está a solo un clic de distancia. **¡Actúa ahora y lleva tu negocio al siguiente nivel!**

www.ingramcontent.com/pod-product-compliance
Lightning Source LLC
Chambersburg PA
CBHW070357230526
45471CB00006B/2604